POÈMES ET DESSINS

DE LA FILLE
NÉE SANS MÈRE

TOPOGRAPHIE DE L'ART

À Claire Angelini, Lord Beauchamp, Annie et Sergio Birga, Daniel Birnbaum, Sylvie Bonnot, Fiona Bradley et Nick Barley, Odile Burluraux, Charlotte Bydler, Elsa Cha, Cyrille Comnène, Clara Daquin, Stephen Dean, Fury, Julia Garimorth, Clara Giudice von Poehl, Erik Giudice, France et Gildas le Gouvello, Claire-Jeanne Jézéquel, Phillipe Jousse, Daphné Lalonde, Amélie Lavin, Jacqueline et Jean Le Gac, Daphné Le Sergent, Armand Llàcer, Vincent Magnier, Ella Marder et Daniel Horowitz, Sonja Martinsson Uppman, Fabien Mérelle, Jean Narcisse, Peter von Poehl, Vivian Sky Rehberg, Bertrand Rigaux, David San Marty, Hanna Sidorowicz, Nicola Sornaga, Didier Trénet, Manuella Vaney et Michel Baverey, Bernard Utudjian, Agnès Violeau, Katarina Wadstein MacLeod.

à Gaël Peltier aux commandes du Nébulor (signé : Fantômette),

à Matthieu Messagier.

Anne Deleporte
Hakima El Djoudi
Vanessa Fanuele
Sylvie Guiot
Horst Haack
Clarisse Hahn
Chloé Julien
Farah Khelil
Glenda León
Charlotte von Poehl
Saadi Souami
Marie Velardi

Commissaires anonymes

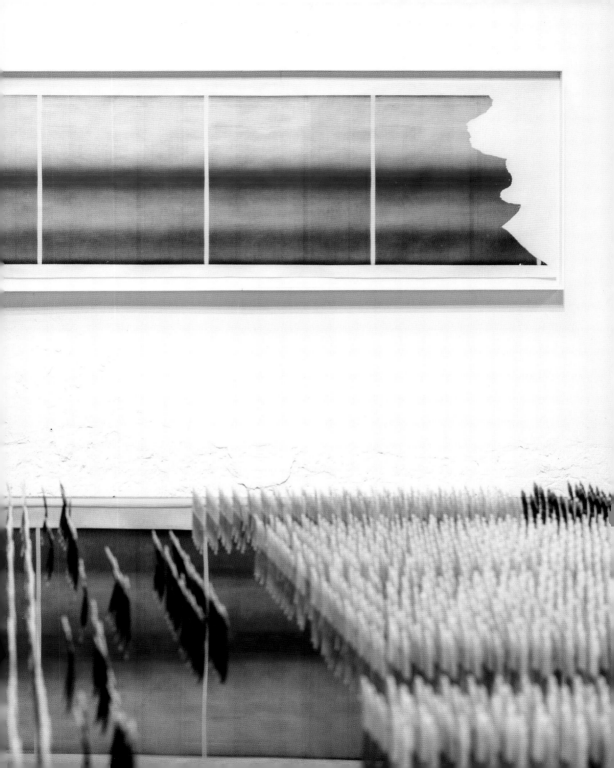

ANNE DELEPORTE

« Le regard que l'artiste porte sur la réalité lui fait découvrir et partager ce qu'elle contient d'inattendu, de poésie et d'inquiétude. Elle opère aussi des relations entre des images qu'elle choisit dans ses références artistiques et ses expériences personnelles… ces œuvres répondent à ce qu'on pourrait ressentir comme une logique du hasard. Comme si Anne Deleporte l'avait apprise à force de la remarquer ; elle reste aussi improbable qu'efficace. »

Anne Alessandri

› *Éclairs* – 2018 – encre sur papier, marouflé sur papier de riz, diptyque – 70 x 73 cm chaque
Courtesy de l'artiste & Galerie L'Inlassable

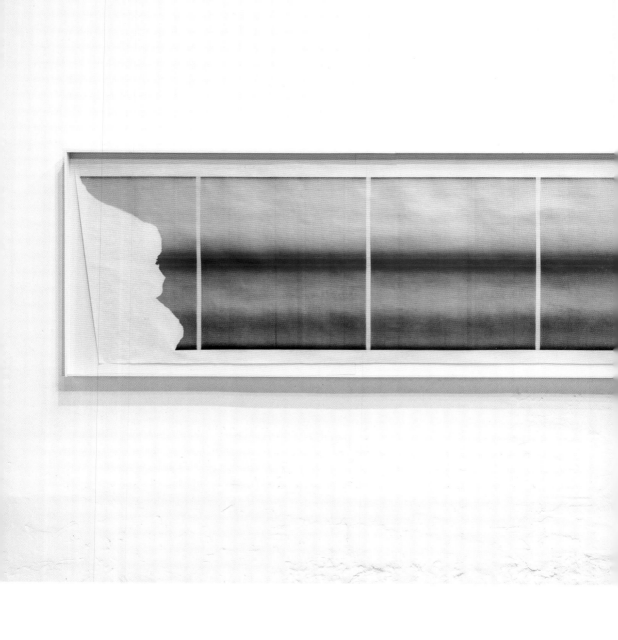

Brume mécanique – 2013 – encre sur papier, marouflé sur papier de riz – 70 x 390 cm
Courtesy de l'artiste & Galerie L'Inlassable

HAKIMA **EL DJOUDI**

Hakima El Djoudi, entre autres activités, s'adonne à une sorte de confection-collection dont on ne sait si elle doit davantage aux activités martiales d'Ulysse ou à la pratique patiente de Pénélope. Elle réalise des armées de petits soldats, tous identiquement « sculptés », créés un à un jusqu'à pouvoir les faire défiler, alignés impeccablement. Chacune de ces figurines est un origami. Le pliage est toujours identique. Hakima n'en connaît d'ailleurs aucun autre. Elle ne nourrit nulle fascination pour cette pratique traditionnelle et populaire, distrayante et scolaire. Mais elle sait faire des petits soldats. Ces derniers, par ailleurs, ont la particularité d'être réalisés à partir de billets de banque. Un billet pour un soldat. Une devise pour une armée. Au sens où une liasse de billets algériens lui permet de donner vie à une armée algérienne, une liasse de billets coréens lui permet de lever une armée coréenne. L'argent – la cause est entendue – est bien évidemment le nerf de la guerre. Mais l'art du pliage traditionnel au Japon a déjà rencontré le phénomène de la guerre. La figure d'origami la plus populaire est la grue du Japon, le plus grand échassier du monde. Cette construction tradition-nelle, illustration d'une légende qui affirme que « quiconque plie mille grues de papier verra son vœu exaucé », est devenue après guerre un symbole de paix. Le caractère symbolique de cet origami est lié à l'histoire d'une jeune fille, Sadako Sasaki, qui fut exposée, enfant, au bombardement atomique d'Hiroshima. Étant au fait de la légende, elle entreprit de plier mille grues pour guérir. Elle mourut de leucémie en 1955, à l'âge de douze ans, après avoir plié 644 grues de papier. Ses compagnons de classe plièrent le nombre restant et elle fut enterrée avec la guirlande de mille grues. D'autre part, les parades martiales orchestrées par Hakima El Djoudi entremêlent subtilement deux points de vue divergents quant à la question de la « valeur » d'une armée. Un défilé militaire se veut avant tout la démonstration du niveau d'engagement financier d'une nation dans son système de défense. La puissance militaire, à l'ère de la dissuasion, n'a rien à gagner à demeurer masquée, dissimulée, elle se doit au contraire d'être explicite, exotérique, expansive. On se doit de montrer, en temps de paix, ce que cela a coûté. Mais s'entend, comme en sourdine, à la vue de ces petites figurines de papier-monnaie, une question plus embarrassante. Car en temps de guerre, l'exercice comptable porte sur d'autres entités, que sont les hommes eux-mêmes. Deux exemples, glanés au hasard des lectures, illustrent parfaitement la nature de cette nouvelle économie : « Cependant, la nuit suivante, une rencontre de patrouilles s'était produite dans une clairière à mi-pente : elle avait coûté deux hommes. »[1] « Samedi 22 octobre 1870. Les détails nous sont connus sur le combat d'hier. Il nous a coûté 435 hommes tués ou blessés et 2 canons pris par l'ennemi. »[2]

Jean-Yves Jouannais

---

1. Jean-Paul Neussey, *Neuf braves* (récit), Éditions Arthaud, 1944, p. 39
2. Jacques-Henry Paradis, *Journal du siège de Paris*, septembre 1870-janvier 1871, 1ʳᵉ édition 1872, Éditions Tallandier, Paris, 2008, coll. Texto, p. 171.

‣ *Petite armée 0086* – 2017 – 4 000 pliages, billets de Chine, papiers blancs, Plexi PMMA noir – 400 x 300 x 100 cm // 12 m²
Courtesy de l'artiste & Adagp, Paris, 2021

Petite armée 0086 – 2017 – 4 000 pliages, billets de Chine,
papiers blancs, Plexi PMMA noir – 400 x 300 x 100 cm // 12 m²
Courtesy de l'artiste & Adagp, Paris, 2021

VANESSA FANUELE

Après avoir évolué plusieurs années dans le domaine de l'architecture, son travail protéiforme – dessin, peinture, sculpture et installation – s'articule autour d'interrogations complexes liées tant à la question de la mémoire qu'à celle de la nature ou des espaces mentaux. Des œuvres de Vanessa Fanuele émane la sensation d'un monde à la lisière du trouble dans lequel l'espace et le temps oscillent entre passé et futur. Les ossatures révèlent des fragments de lieux perdus, érodés, qui semblent être recouverts la plupart du temps de strates fluides et transparentes. Mêlant paysages peints et architectures-objets, Vanessa Fanuele crée un autre espace, tel un récit qui raconterait la survivance d'un monde à venir.

Une silhouette apparaît face à des formes géométriques, dans ses mains, l'informe.
Le traitement voilé et les couleurs de la toile semblent ralentir un mouvement envisageable, suspens.
Le doute, titre de la série dont est extrait cette toile, viendrait-il d'une autre réalité, celle invisible,
immatérielle, celle qu'on ne voit pas et qui pourtant révèle notre instinct ?
Ou bien ce doute est-il lié tout simplement à la question du sujet, du récit et à sa disparition ?
Le châssis peint pourrait être une réponse en se révélant visible, mais soulève la question
du fond qui dans ce contexte devient vide.

› *Le Doute* – 2021 – diptyque – à gauche : huile sur toile – 185 x 80 cm / à droite : acrylique sur châssis bois – 33 x 25 cm
Courtesy de l'artiste & Galerie Polaris

SYLVIE **GUIOT**

Après avoir passé une année à remplir *tant de pages avec des phrases auxquelles j'ai cru, les croyant miennes, [...] qui n'étaient en fin de compte que des bouts de papier collés avec sa salive par la fille d'un mendiant s'abritant dans les encoignures,* m'est revenu en pleine figure, obsédant et implacable, cet autre propos du même[1] :

Que peut-on donc raconter d'intéressant ou d'utile ? Ce qui nous est arrivé, ou bien est arrivé à tout le monde, ou bien à nous seuls ; dans le premier cas ce n'est pas neuf, et dans le second cela demeure incompréhensible.

Alors, incompréhensible pour incompréhensible, j'ai choisi de faire *neuf* et de traduire mes divagations en une langue que je suis seule à connaître, et bien partiellement encore ; c'est l'anagh, qui se parle en Anaghistan. Ces travaux graphico-littéraires se font en parallèle à d'autres, de nature picturale, visibles – les images étant plus parlantes sur sylvieguiot.blogspot.fr.

---

1. Fernando Pessoa, *Le Livre de l'intranquillité*

‣ *EN ANAGHISTAN ON PARLE L'ANAGH – ANAGH 13-2* – 2020 – 27 x 21 cm – papier, crayon, fichier son
Courtesy de l'artiste

AUPDE N'OU, AUPDE AEEC

AUPD L'AELB, AEPD L'ÔBS

AUPS'VYEP, AUPS'GVOET

LAEF T'IOEP, LAUF X'JUND

TNOE VNI, BNOE MLO

LAUQ ROEL, LAUE DSEC

ANAGH 14-2 – 2020 – 27 x 21 cm – papier, crayon, fichier son
Courtesy de l'artiste

A DANIETE, A TONBIM
A RI COSE, A SART PLUD
A RESUT, A VNET DIIL
A RUST V'IOTTE, SIENVIE DUET
A TOD RIOPA, A TAC RUPI
A PIEH E T'OURTE L'AUC TOURT

DE T'MESMUERM !
ÉS U'TMOUEFFT !
OE V'IEURT FFRAAT !
DNAROP DNAROP
DNAROP AMN O ROUM

▲ de gauche à droite :
ANAGH 19 – 2019 – 27 x 21 cm – papier, crayon, fichier son
ANAGH 21 – 2019 – 27 x 21 cm – papier, crayon, fichier son
Courtesy de l'artiste

HORST **HAACK**

FRANCIS PICABIA

Ce jeune homme arrivant à Paris, qu'il rêvait de conquérir, se mit en devoir de fabriquer un tableau aussi extraordinaire que possible ; après huit à dix heures d'efforts, il arriva à constituer une jolie toile bien moderne – du moins c'est ainsi qu'il la jugea. Les encouragements les plus flatteurs ne tardèrent pas à lui être prodigués, des artistes influents lui suggérèrent d'exposer dans un salon d'avant-garde : il s'empressa de les écouter.

Le jour du vernissage, après s'être minutieusement fabriqué une toilette negligée, il s'en fut, important et rêveur, se promener alentour de ses œuvres, afin de recueillir les louanges – ou les cris d'horreur – que le public se croit obligé de dispenser aux tableaux d'apparence géniale qu'il ne comprend pas ! Une jeune femme, devant la cimaise, examinait avec un intérêt passionné les envois de notre jeune artiste ; couverte de perles et de fourrures, elle apparaissait tel un magnifique objet d'art, incarnation vivante de notre belle civilisation. Ell semblait fascinée par l'apparente nou-veauté de ce qu'elle contemplait, mais tout à coup, illuminée, elle s'écria : « Dieu me pardonne !... cette peinture... mais... il n'y a qu'à marcher dedans pour avoir du bonheur toute sa vie ! » Puis, se faufilant, elle se perdit dans la foule. Notre peintre, qui avait tout entendu, en demeura là, stupide ; le choc avait été si rude pour cet être fin autant qu'ambitieux que l'on fut obligé de le transporter dans une maison de santé.

Le Journal des hivernants, janvier 1927, page10

› *Picabia, Paroles* – 2020 – gouache, encre de Chine, lettres aux tampons – 30 x 19 cm page individuelle, 15 cadres de 40 x 50 cm
Courtesy de l'artiste

ME RESEMBLENT
A SARAH BERNHARD.

HORST HAACK

PICA
BIA

PAROLES

AVEC SIX FAUTES ORTHOGRAFIKS

HOMMAGE

A FRANCIS PICABIA

FRÈRE DU PÈRE DUDADA

L'HOMME QUI SUIT

L'HOMME QUI SUIT LE GOÛT
DES AUTRES EST IMPUISSANT
UN VOYEUR, CE N'EST PAS
DANS UN BORDEL QU'IL TROU-
VERA DE QUOI RÉVEILLER SA
VIRILITÉ! IL NE FAUT PAS
AVOIR PEUR DE SON IMMORA-
LITÉ. MAIS EN FAIRE MONTRÉ
C'EST VOULOIR EN FAIRE COM
MERCE. J'AI HORREUR DES
GENS QUI PARLENT DU BEAU QUI
PARLENT DU BIEN. QUI PAR-
LENT DU GÉNIE OU DE LA FI-
DÉLITÉ. DES GENS QUI PAR-
LENT DE TOUT. MÊME DE GENS
QUI PARLENT DES GENS.

LES HOMMES SONT

LES HOMMES SONT ÉPUISÉS
PAR L'ART. LES VÉGÉTAUX
SONT PLUS SÉRIEUX QUE LES
HOMMES ET PLUS SENSIBLES À
LA GELÉE. LA LOGE D'UN POR-
TIER EST UN PIÈGE À MOUCHES.
LES ENFANTS SONT AUSSI
VIEUX QUE LE MONDE. IL Y EN
À QUI RAJEUNISSENT EN VIEIL-
LISSANT. CE SONT CEUX QUI NE
CROIENT PLUS À RIEN. INNOCEN
CE. POURQUOI NE PAS DORMIR
DANS UNE FLEUR LES YEUX
DANS LES MAINS ET RÊVER À
TOUT CE QUI SE BALANCE ET S'
ACCROUPIT MAIS VIENS DONC

DANS MES BRAS POUR NE PLUS
ME VOIR. C'EST TRISTAN TZARA
LE CALICOT DE NATIONALITÉ

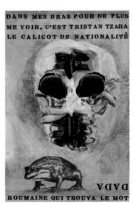

DADA
ROUMAINE QUI TROUVA LE MOT

8

MESSIEURS LES EX-DADA
SONT PRIÉS DE VENIR
MANIFESTER ET SURTOUT
DE CRIER À BAS SATIE!
À BAS PICABIA!
VIVE LA NOUVELLE REVUE
FRANÇAISE!
JE CROIS QU'IL N'Y A VRAI
MENT QU'UNE CHOSE
QUI PUISSE NOUS SÉDUIRE
C'EST L'ÉVOLUTION PERPÉ-
TUELLE DE LA VIE.
JE TIENS À ÊTRE ET À RESTER
EN DEHORS DE TOUTE CHA-
PELLE DE TOUT CÉNACLE.

Picabia, Paroles – 2020 – gouache, encre de Chine, lettres aux tampons
30 x 19 cm page individuelle, 15 cadres de 40 x 50 cm
Courtesy de l'artiste

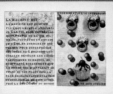

CLARISSE **HAHN**

À travers ses films, photographies et installations vidéo, Clarisse Hahn poursuit une recherche sur des communautés telles que la bourgeoisie protestante, les Kurdes, les acteurs de films porno, la communauté SM... Elle s'attache au rôle social du corps et aux codes comportementaux que ces formes de vies communautaires impliquent.

Dans la série « Peligros / Les Dangers », elle présente des dessins réalisés par un enfant atteint de troubles de l'attention et d'hyperactivité, sur un livre de prévention destiné aux enfants de la rue. À visée pédagogique, les dessins d'origine mettent en garde les enfants contre les dangers domestiques mais passent sous silence ceux que fait peser sur eux l'exploitation sexuelle. D'autres images, trouvées sur Internet, en sont l'expression mais peuvent se transformer, par retournement, en une revanche accusatrice des enfants eux-mêmes.

› *Sans titre* (détail) – 2021 – pièce unique – collage, peinture – 62,5 x 82,5 cm
Courtesy de l'artiste & Jousse Entreprise

Basura, série « Peligros » — 2020 — dessin, impression sur papier mat — 70 x 50 cm
Courtesy de l'artiste & Jousse Entreprise

Autobus, série « Peligros » – 2020 – dessin, impression sur papier mat – 50 x 70 cm
Courtesy de l'artiste & Jousse Entreprise

CHLOÉ JULIEN

Il y a le – ou les – corps et l'espace. Dans un rappel subtil et ironisé à la fameuse fresque de la chapelle Sixtine. Mais ici on peut se passer de Dieu. Sauf bien sûr s'il est incarné. Chloé Julien crée un monde de l'hypnose. Mais surtout de la gestation et de la présence. L'artiste travaille l'apparence pour souligner les gouffres sous la présence et des abîmes en féeries mystérieuses. […] Le corps est emporté dans un glissement par la théâtralité et les sortilèges de créations. Émerge l'horizon mystérieux d'une intimité touchante dont la créatrice multiplie les échos. Le « juste » portrait fait donc franchir le seuil de l'endroit où tout se laisse voir vers un espace où tout se perd pour approcher une renaissance, une cristallisation contre l'obscur et la fuite des jours comme des amours. L'espace palpite de papillons étranges. Les corps en morceaux ne sont pas des restes : ils naviguent en des visions fugitives. Il y a des dentelures de cuisses qui ont encerclé des hanches et qui peuvent l'accomplir encore – preuve qu'en amour l'histoire n'est jamais soldée. Ou serait-ce la réminiscence d'une errance à l'inverse de la voix d'Artaud qui affirmait : « Les femmes ne comprennent que l'amour sensuel, et dès qu'on essaie de leur donner de l'âme elles n'en veulent pas » ? Non. Car Chloé Julien ne fait pas de telles impasses. Elle s'absente dans la présence, foudroie les repentances de l'ombre pour en tirer la lumière. Elle broie la nuit dans ces cieux de jours de plénitude où les silhouettes dans leurs morcellements deviennent abondances. Des personnages semblent s'échapper quelques murmures : « De l'obscurité conduis-moi à la lumière. »

La créatrice joue de l'obsession et de la transgression. Elle retire la cape de ténèbres, évoque des bourrasques d'où naissent des éclairs ; d'étranges portes s'entrouvrent mais l'éros demeure suggéré. Restent ses stigmates. Et c'est aussi habile qu'ironique. Le flamboiement des corps devient une chorégraphie visuelle. L'artiste devient méduse qui affole les sens tout en les retenant. L'amoncellement cherche l'équilibre sur le fil de leur corps dont le lascif échappe dans le fort du déduit. Seule l'image parle et conclut là où la créatrice défait ses liens. Soudain, ils glissent mais restent impénétrables. Il faut donc rêver et imaginer. Encore. C'est la folie qui dure. La folie pure. Appel du vide. Pas n'importe lequel : le vide à combler. Des pommes acides dans un verger de miel. « Je traverse, j'ai été traversée », disait Duras. Chloé Julien fait de même afin de croire que le réel n'est pas parti. Du moins pas trop loin. Pas en totalité. Qui sait ? Un jour, les interrogations se noieront dans les enlacements que l'artiste monte et montre. Elle « caresse » les corps : tout est là. L'amour comme la lumière ont foi en le miracle et les deux refusent de porter des croix. Les corps valsent, nus des chimères en un seul « habit » de gloire. Tout devient charnellement mystique. Et le temps de la sidération retient le jaillissement au seuil de la défaillance.

Jean-Paul Gavard-Perret
avril 2020

▸ *Fille née sans mère* – 2012 – collage sur papier – 31 x 22 cm
Courtesy de l'artiste & Adagp, Paris, 2021

Sans titre – 2015 – collage sur verre – 31 x 22 cm
‹*Peinture sourde 3* – 2012-2021 – peinture à l'huile sur médium – 44 x 31 cm
Courtesy de l'artiste & Adagp, Paris, 2021

ϜARAH **KHELIL**

Farah Khelil met en place des protocoles de traduction, de codage et de cécité pour détourner et s'approprier des objets, des archives à travers une œuvre qu'elle qualifie de logicielle. Elle construit un espace logique où théorie et pratique sont à la fois agencées et dispersées dans l'espace, comme dans une encyclopédie. Privilégiant une pensée du multiple, l'artiste opère des va-et-vient entre visible et lisible, savant et populaire, intime et académique.

« Encyclopédisme » est une série de dessins et collages composés de fragments sculptés par des insectes bibliophages d'un dictionnaire en langue arabe trouvé dans la bibliothèque de son grand-père disparu. Le bibliophage semble avoir soigneusement découpé et sélectionné des extraits du livre. Le collage participe à la réécriture du texte comme pour tenter de recoller les morceaux d'une histoire sinistre et rend hommage à son grand-père bibliophile. Les dessins en aquarelle et à l'encre reprennent les figures de faunes et flores illustrées dans l'encyclopédie.

‹ *Encyclopédisme* – 2016 – détail – collage, aquarelle, encre et transfert sur papier coton 300 g – 70 x 100 cm
Courtesy de l'artiste & Adagp, Paris, 2021

Encyclopédisme – 2016
collages, aquarelle, encre et transferts
sur papier coton 300 g – 70 x 100 cm
Courtesy de l'artiste & Adagp, Paris, 2021

GLENDA **LEÓN**

« Le sens se trouve dans l'interstice entre le visible et l'invisible, le son et le silence, l'éphémère et l'éternel. Comme la magie, l'art est un acte de transformation, qui se résume parfois à simplement créer des coïncidences. » Glenda León

Considérée comme conceptualiste lyrique, l'œuvre de Glenda León s'étend du dessin à l'art vidéo, en passant par l'installation, l'objet, le son et la photographie. Que ce soit avec des cheveux, du chewing-gum, des fleurs, des cassettes audio ou des disques vinyles, du texte, du son (parfois même à partir du silence), ses œuvres sont une évocation permanente de la condition humaine, de ses espoirs et de ses peurs, de ses excès et de ses vides, de ses incertitudes et de sa transcendance.

Musique concrète (2015) fait partie de cette série d'œuvres de l'artiste qui suppose la manipulation d'éléments sonores – comme les touches d'un piano – à partir de leur aspect visuel. Ainsi, cette nouvelle sculpture, bien que silencieuse, entretient une certaine vibration sonore dans l'esprit des spectateurs grâce à leur mémoire culturelle (à force d'écouter du piano, quelque chose s'active dans leur esprit et dans leur corps lorsqu'ils voient un instrument, même s'il n'est pas joué). Il y a une certaine dose de synesthésie… L'intention étant de voir le son et d'entendre l'image. Le titre est un jeu de mots qui établit un rapport entre le genre musical éponyme et le courant pictural abstrait que l'on appelle « art concret ». Celui-ci est mis en valeur par la forme cubique dans laquelle ont été disposées les touches de piano, évoquant une sorte de boîte à musique.

Yadira Góngora

› *Música Concreta (vertical)* (détail) – 2015 – piano, bois – 128 x 143 x 62 cm
Courtesy Studio Glenda León

Música Concreta (vertical) – 2015 – piano, bois – 128 x 143 x 62 cm
Courtesy Studio Glenda León

CHARLOTTE **VON POEHL**

Charlotte von Poehl place au centre de son travail le temps, la répétition et la sérialité. Dans une activité quotidienne, elle revient sur ses motifs en ayant recours à des matériaux et des techniques ordinaires. Prendre des notes, dessiner, modeler participent d'une même pratique essentielle à sa démarche artistique. Chacune des œuvres fait partie d'un processus en devenir et n'est qu'un fragment d'un projet plus ample.

Posés au sol selon un système géométrique, les *Newtons* (2002-2015), petits cylindres en pâte à modeler de couleur, fabriqués manuellement par l'artiste, donnent aussi bien à voir le temps passé que l'énergie dépensée par le corps (un newton correspondant à la force qu'exerce une masse de 100 g).

Odile Burluraux
2016

‣ *Newton* (détail) – 2002-2015 – pâte à modeler – dimensions variables, 1 x 2 cm chaque sculpture
Courtesy de l'artiste & Adagp, Paris, 2021

Comme des images raboutées d'une pellicule ancienne.
Comme le déroulement d'un rêve dans sa phase hypnagogique.
Comme les transparences de Picabia.

François Pierre Michaud
2015

⌐ *Transparencies* – 2014 – vidéo, 10:51 min.
‹ *Newton* – 2002-2015 – pâte à modeler – dimensions variables, 1 x 2 cm chaque sculpture
Courtesy de l'artiste & Adagp, Paris, 2021

SAADI **SOUAMI**

SAADI SOUAMI OU L'ESPACE SANS PLAN

Qu'est-ce qu'un espace plan ? Est-ce qu'une peinture qui voudrait éliminer toute profondeur ne reconstitue pas toujours, en dépit des efforts que fait le peintre pour en affirmer la planéité, une forme de tridimensionnalité et avec elle l'illusion du volume ? Depuis qu'il peint, donc bien avant que l'on se rencontre il y a de cela douze ans, Saadi Souami se confronte à cette question tout en n'en faisant justement pas une question. Sa peinture, il y a peu, effaçait même tout effet de volume. Effet n'est sans doute pas le mot, car les œuvres qu'il a commencé à peindre en septembre 2019 n'évoquent que très sobrement l'avancée d'un « objet » vers l'espace du spectateur. Comme il le dit lui-même, ces formes que nous lisons comme des socles ne sont que les traces d'une peinture ancienne, d'avant la Renaissance, qui ne se souciait pas encore de la perspective ou qui s'en souciait peu. D'ailleurs, Saadi Souami ne s'en soucie pas — et nous laisse devant, avec l'humour de celui qui regarde le regardeur et se demande comment celui-ci va chercher à interpréter ce qu'il voit. Sans doute, nous spectateurs, nous trompons-nous sur ce que nous voyons, et alors le peintre a réussi à nous faire entrer dans son théâtre intime. Oublions tout alors, contentons-nous de regarder…

Le peintre parle, au sujet de ces formes, d'une sorte de monumentalité — un monument qui n'en est pas un (de même que ce qu'on pense être un socle n'en est pas vraiment un non plus). Ces pseudo-socles, qui semblent servir de base à la forme qui serait pour nous « au-dessus », il les emprunte à un répertoire de formes très ancien, d'avant la régularisation mathématique de la perspective. Un détour par le passé pour aller de l'avant, une façon de demeurer mobile dans le temps et l'espace. Mais la forme elle-même, quelle est-elle ? Bien sûr nous avons reconnu les dents de scie composites, inquiétantes, dirigées contre qui ? Humour toujours, car comme de cette autre forme qui nous ferait penser à un miroir, on ne retient que le mot du peintre : « C'est quelque chose qui nous regarde. » Alors, il faudra bien s'y faire — à n'y rien comprendre — et à simplement accepter de goûter l'impression belle, désirable, hermétique et doucement agressive de cette série singulière qui avance deux par deux. Prononcerions-nous le mot Totem que nous entendrions soudain le rire du peintre…

François Pierre Michaud
2019

› *Sans titre* – 2020 – acrylique sur toile – 92 x 73 cm
Courtesy de l'artiste

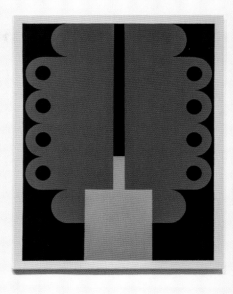

MARIE **VELARDI**

« Ma pratique artistique est multiforme – dessins, éditions, livres, installations *in situ*, vidéos, bandes sonores, textes, médias mixtes – mais suit des fils conducteurs : les relations aux différentes temporalités. Les projections dans le temps sont un moyen pour moi de relier présent, passé et avenir, et de questionner l'état de la Terre aujourd'hui. Par des réalisations, collaborations et recherches, je tente de mettre en formes sensibles des avenirs possibles. »

▸ dessin de la série « *Dessins-Clepsydres* » – initiée en 2013 – crayon et aquarelle sur papier – 35 x 45 cm
Courtesy de l'artiste

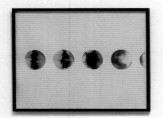  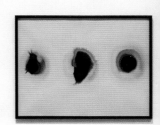

série « *Dessins-Clepsydres* » – initiée en 2013 – crayon et aquarelle sur papier – 35 x 45 cm
Courtesy de l'artiste

François Pierre Michaud – *Lionnel* – 1992
Collection Chloé Julien

AU RENDEZ-VOUS DES AMIS
PING PONG PARTY

Armand Llàcer a permis un jour, il y a longtemps, qu'une idée naisse, un rêve réalisé qui nous réunit aujourd'hui, tous commissaires et tous visuels, pour ne dire ni visibles ni invisibles, car la part visuelle est la seule qui compte. Les textes aussi quand ils sont de cet ordre. C'est un projet neuf, terriblement neuf car le monde a basculé dans un temps différent. Comme un renversement des pôles. « Tout changeait de pôle et d'épaule, la pièce était-elle ou non drôle ? Moi si j'y tenais mal mon rôle, c'était de n'y comprendre rien… Est-ce ainsi que les hommes vivent ? Et leurs baisers au loin les suivent… » Quand nous nous rêvions surréalistes, le chant d'Aragon et de Léo Ferré résonnait dans nos têtes. On ne dira pas quelle était cette fille, quelle était cette mère et rien depuis le temps de Picabia ne le dit davantage. Il n'y a plus de temps, plus de durée et les collages de la Fille née sans mère de Chloé Julien furent un jour, hier peut-être, en 2012, comme une première apparition, réapparition, la suite ou le commencement de la conversation que toutes, tous ici reprennent, complètent – exquis cadavre. Une exposition comme une conversation commencée il y a longtemps entre les artistes sur un mot de Picabia. Mise au point d'interrogation. Laps de temps et rhizome, jigsaw puzzle, ping pong theory.

Au commencement, c'était en 1989 chez Otto Hahn avec Clarisse, les Décharnés sentimentaux, le Boulafou et Johnny Weissmuller. Au commencement, c'était à New York avec Anne Deleporte et Jeannie Weissglass. Au commencement, c'était rue de la Chine avec Vanessa Fanuele, chez Alice et Henri Crotti, né à Zurich en 1916… Au commencement, c'était ici, en 2000, dans une exposition de Vera Röhm et Horst Haack, puis au Cabaret Voltaire avec Marie Velardi, et du côté de chez Saadi Souami, en Algérie avec Hakima El Djoudi, et avec Farah Khelil en Utopie saharienne, ou chez Newton et Cadere à Stockholm, avec Charlotte von Poehl, à Rio où est Sylvie Guiot toujours le nouvel an. À Cuba à Barcelone à Madrid pour Glenda León dans les hockets du pianola ; avec mention spéciale de l'homme qui tombe à Pic.

Ce catalogue a été réalisé à l'occasion de l'exposition « Poèmes et dessins de la fille née sans mère »,
organisée du 19 mai au 24 juillet 2021.

À la faveur du confinement décrété par l'État, l'exposition a été préparée par les artistes,
avec Clara Djian et Nicolas Leto, du 6 avril au 19 mai 2021.

Commissaires anonymes

Nous tenons à remercier le Comité Picabia, l'Adagp ainsi que les National Galleries of Scotland.

ISBN : 978-2-36669-055-2
Achevé d'imprimer pour le compte des éditions La Manufacture de l'image, en mai 2021